문장마다 우리말 풀이를 통해
의미를 되새기며 이해를 돕는 사경집

金剛經 寫經
금 강 경 사 경

이 성 원 편역

편역 이 성 원

- 1973년 대구 출생
- 서울대학교 법과대학, American University,
  영남대학교 법학전문대학원 졸업
- 변호사(대한민국, 미국 뉴욕주)
- 現 영남대학교 법학전문대학원 교수

金剛經 寫經
금강경사경

須菩提 若有善男子善女人 初日分以恒河沙等身布施
수보리 약유선남자선여인 초일분이항하사등신보시

中日分復以恒河沙等身布施 後日分亦以恒河沙等身布施
중일분부이항하사등신보시 후일분역이항하사등신보시

如是無量百千萬億劫以身布施 若復有人聞此經典
여시무량백천만억겁이신보시 약부유인문차경전

信心不逆其福勝彼 何況書寫受持讀誦爲人解說
신심불역기복승피 하황서사수지독송위인해설

"수보리여! 어떤 선남자선여인이 아침나절에 항하의 모래 수만큼 몸을 보시하고 점심나절에 항하의 모래 수만큼 몸을 보시하며 저녁나절에 항하의 모래 수만큼 몸을 보시하며 무량백천만억겁 동안 이와 같이 몸을 보시한다고 하자. 만약 또 어떤 사람이 이 경전을 듣고 신심이 거슬리지 않는다면 이 복이 저 복을 이긴다. 하물며 이 경전을 베껴 쓰고 받아 지니고 읽고 외우고 남에게 해설해주는 사람에게 있어서야."

금강경을 사경하고, 받아 지니고 읽고 외우고, 타인에게 해설해 주는 공덕에 대한 금강경의 예찬입니다. 불자(佛子)의 생활은 수행과 분리할 수 없습니다. 다양한 수행 방법이 있으나, 재가불자에게는 경전을 읽고 외우는 것만큼 그 성과와 공덕이 확인이 되는 수행 방법은 없는 것 같습니다. 단순히 경전을 진언처럼 읽고 외우는 것보다는 한 글자 한 글자 사경(寫經)을 하면서 그 의미를 찬찬히 생각하다 보면 자연히 외워지게 되고, 생활 속에 경전의 가르침을 실천할 수도 있게 됩니다.

시중에 많은 사경집이 있으나, 재가불자인 필자의 입장에서는 한문으로만 되어 있는 사경집은 각 구절마다 풀이가 있었으면 하는 아쉬움이 있었고, 사경을 하기에 편하게 제본이 되면 좋겠다는 생각이 들기도 하였습니다. 그래서 필자가 편집한 이 금강경 사경집은 한문 문장 아래 바로 우리말 해석을 덧붙이고, 양쪽 면 모두 사경하기에 편하도록 제본하였습니다.

　이 사경집은 필자가 출간한 "차근차근 풀어보고 단박에 이해하는 금강경"을 바탕으로 합니다. 금강경을 '서분(序分)·정종분(正宗分)·유통분(流通分)'으로 구분하되, 정종분은 본문-후렴을 하나의 단위로 하여 8절로 구분하였습니다. 기존의 금강경사경집은 소명태자의 32분 분류를 바탕으로 하고 있습니다. 그러나 독경(讀經)을 할 때도 소명태자가 지은 각 분(分)의 제목을 읽지 않고, 사경(寫經)을 할 때도 각 분(分)의 제목은 쓰지 않으므로 분류에 큰 의미를 두지 않으셔도 될 것이라 생각합니다.

　또한 사경을 하실 때 '金剛般若波羅蜜經'의 제목은 그냥 넘어가는 경우도 있는데, 그 경의 이름도 무한한 공덕이 있으니 반드시 쓰시기 바랍니다. 아무쪼록 이 금강경 사경집을 통하여, 금강경을 이해하고 공덕을 쌓으려는 분들께 조금이나마 도움이 되기를 기원합니다.

이 성 원 합장

淨口業眞言
정구업진언

수리수리 마하수리 수수리 사바하 (세번)

五方內外安慰諸神眞言
오방내외안위제신진언

나무 사만다 못다남
옴 도로도로 지미 사바하 (세번)

開經偈
개경게

無上甚深微妙法 百千萬劫難遭遇
무상심심미묘법 백천만겁난조우
我今聞見得受持 願解如來眞實義
아금문견득수지 원해여래진실의

開法藏眞言
개법장진언

옴 아라남 아라다 (세번)

金剛般若波羅蜜經

금강반야바라밀경

[序分]

如是我聞 一時 佛在舍衛國
여 시 아 문　일 시　불 재 사 위 국

祇樹給孤獨園 與大比丘衆
기 수 급 고 독 원　여 대 비 구 중

千二百五十人俱
천 이 백 오 십 인 구

이와 같이 나는 들었습니다. 한때 부처님께서 사위국 기수급고독원에서 1,250명의 대비구들과 함께 계셨습니다.

[正宗分 第一節]

爾時 世尊食時 着衣持鉢
이 시　세 존 식 시　착 의 지 발

入舍衛大城 乞食於其城中
입 사 위 대 성　걸 식 어 기 성 중

次第乞已 還至本處 飯食訖
차 제 걸 이　환 지 본 처　반 사 흘

收衣鉢 洗足已 敷座而坐
수의발 세족이 부좌이좌

이때 세존께서 밥 먹을 시간이 되어 가사를 입고 발우를 들고 사위대성에 들어가셨습니다. 성안에서 차례로 걸식을 마치고 본처로 돌아와 식사를 마친 뒤, 가사와 발우를 거두고 발을 씻은 다음, 자리를 펴고 앉으셨습니다.

時 長老須菩提 在大衆中 卽
시 장로수보리 재대중중 즉

從座起 偏袒右肩 右膝着地
종좌기 편단우견 우슬착지

合掌恭敬 而白佛言
합장공경 이백불언

이때 장로 수보리가 대중 가운데 있다가 자리에서 일어나 오른쪽 어깨를 드러내고 오른 무릎을 땅에 대며 합장공경을 하고 부처님께 여쭈었습니다.

希有世尊 如來善護念諸菩薩
희유세존 여래선호념제보살

善付囑諸菩薩 世尊 善男子善
선부촉제보살 세존 선남자선

女人 發阿耨多羅三藐三菩提
여인 발아누다라삼먁삼보리

心 應云何住 云何降伏其心
심 응운하주 운하항복기심

"경이롭습니다. 세존시이여! 여래는 보살들을 잘 보살피고 잘 부촉합니다. 세존이시여! 선남자선여인이 아누다라삼먁삼보리심을 내면 응당 어디에 머물고 그 마음을 어떻게 항복받아야 합니까?"

佛言 善哉善哉 須菩提 如汝
불언 선재선재 수보리 여여

所說 如來 善護念諸菩薩 善
소설 여래 선호념제보살 선

付囑諸菩薩 汝今諦聽 當爲汝
부촉제보살 여금제청 당위여

說 善男子善女人 發阿耨多羅
설 선남자선여인 발아누다라

三藐三菩提心 應如是住 如是
삼먁삼보리심 응여시주 여시

降伏其心
항 복 기 심

부처님께서 말씀하셨습니다.

"훌륭하고 훌륭하다. 수보리여! 그대가 말한 바와 같이 여래는 보살들을 잘 보살피고 잘 부촉한다. 그대는 이제 잘 들어라. 마땅히 그대를 위해 설하겠다. 선남자선여인이 아누다라삼먁삼보리심을 내면 응당 이와 같이 머물고 이와 같이 그 마음을 항복받아야 한다."

唯然世尊 願樂欲聞
유 연 세 존   원 요 욕 문

"예. 세존이시여! 즐거이 듣고자 합니다."

佛告須菩提 諸菩薩摩訶薩應
불 고 수 보 리   제 보 살 마 하 살 응

如是降伏其心 所有一切衆生
여 시 항 복 기 심   소 유 일 체 중 생

之類 若卵生 若胎生 若濕生
지 류   약 난 생   약 태 생   약 습 생

若化生 若有色 若無色 若有想
약 화 생   약 유 색   약 무 색   약 유 상

金剛般若波羅蜜經

若無想 若非有想非無想 我皆
약 무 상　약 비 유 상 비 무 상　아 개

令入無餘涅槃而滅度之 如是
영 입 무 여 열 반 이 멸 도 지　여 시

滅度無量無數無邊衆生 實無
멸 도 무 량 무 수 무 변 중 생　실 무

衆生得滅度者 何以故 須菩提
중 생 득 멸 도 자　하 이 고　수 보 리

若菩薩有我相人相衆生相壽
약 보 살 유 아 상 인 상 중 생 상 수

者相 卽非菩薩
자 상　즉 비 보 살

부처님께서 수보리에게 말씀하셨습니다.
"위대한 보살들은 마땅히 이와 같이 그 마음을 항복받아야 한다. 중생이 난생이든 태생이든 습생이든 화생이든 가리지 않고, 중생이 유색이든 무색이든 가리지 않고, 유상이든 무상이든 비유상비무상이든지 가리지 않고, 일체 모든 중생을 무여열반에 들게 하되 이와 같이 무량무수무변 중생을 멸도하더라도 실제로 멸도를 얻은 중생은 없다는 마음으로 멸도해야 한다. 무슨 이유인가? 수보리여! 보살이 아상·인상·중생상·수자상이 있으면 보살이 아니기 때문이다."

復次 須菩提 菩薩於法 應無
부차 수보리 보살어법 응무

所住 行於布施 所謂不住色布
소주 행어보시 소위부주색보

施 不住聲香味觸法布施 須菩
시 부주성향미촉법보시 수보

提 菩薩應如是布施 不住於相
리 보살응여시보시 부주어상

何以故 若菩薩不住相布施 其
하이고 약보살부주상보시 기

福德不可思量
복덕불가사량

"또한 수보리여! 보살은 법에 마땅히 머무르는 바 없이 보시를 행해야 한다. 소위 색에도 머무르지 않고 성향미촉법에도 머무르지 않고 보시해야 한다. 수보리여! 보살은 마땅히 이와 같이 보시하되 상에 머무르지 않아야 한다. 왜냐하면 보살이 상에 머무르지 않고 보시를 하면 그 복덕은 헤아릴 수 없기 때문이다."

須菩提 於意云何 東方虛空 可
수보리 어의운하 동방허공 가

思量不 不也世尊
사 량 부 불 야 세 존

"수보리여 어떻게 생각하는가? 동쪽 허공을 헤아릴 수 있는가?"
"할 수 없습니다. 세존이시여!"

須菩提 南西北方 四維上下虛
수 보 리 남 서 북 방 사 유 상 하 허

空可思量不 不也世尊
공 가 사 량 부 불 야 세 존

"수보리여! 남서북방과 그 사이사이, 상하 허공을 헤아릴 수 있는가?"
"할 수 없습니다. 세존이시여!"

須菩提 菩薩無住相布施福德
수 보 리 보 살 무 주 상 보 시 복 덕

亦不如是 不可思量
역 부 여 시 불 가 사 량

"수보리여! 보살이 상에 머무르지 않고 하는 보시의 복덕도 또한 이와 같아서 헤아릴 수 없다."

須菩提 菩薩但應如所敎住
수 보 리 보 살 단 응 여 소 교 주

"수보리여! 보살은 오직 당연히 가르친 바에 머물러야 한다."

須菩提 於意云何 可以身相見
수 보 리 어 의 운 하 가 이 신 상 견

如來不
여 래 부

"수보리여! 어떻게 생각하는가? 신상으로 여래를 볼 수 있는가?"

不也世尊 不可以身相 得見如來
불 야 세 존 불 가 이 신 상 득 견 여 래

何以故 如來所說身相 卽非身相
하 이 고 여 래 소 설 신 상 즉 비 신 상

"없습니다, 세존이시여! 신상으로 여래를 볼 수 없습니다. 왜냐하면 여래께서 신상이라고 말씀하신 바가 바로 신상이 아니기 때문입니다."

佛告須菩提 凡所有相 皆是虛
불 고 수 보 리 범 소 유 상 개 시 허

妄 若見諸相非相 則見如來
망 약견제상비상 즉견여래

부처님께서 수보리에게 말씀하셨습니다.
"무릇 세상의 상은 모두 허망하니, 만약 이 모든 상이 상이 아님을 본다면 여래를 보리라."

須菩提白佛言 世尊 頗有衆生
수보리백불언 세존 파유중생

得聞如是言說章句生實信不
득문여시언설장구생실신부

수보리가 부처님께 여쭈었습니다.
"세존이시여! 이와 같은 말씀과 문장을 듣고 진실한 믿음을 내는 중생들이 자못 있겠습니까?"

佛告須菩提 莫作是說 如來滅
불고수보리 막작시설 여래멸

後 後五百歲 有持戒修福者
후 후오백세 유지계수복자

於此章句 能生信心 以此爲實
어차장구 능생신심 이차위실

當知是人 不於一佛二佛三四
당 지 시 인　불 어 일 불 이 불 삼 사
五佛 而種善根 已於無量千萬
오 불　이 종 선 근　이 어 무 량 천 만
佛所 種諸善根 聞是章句乃至
불 소　종 제 선 근　문 시 장 구 내 지
一念生淨信者
일 념 생 정 신 자

부처님이 수보리에게 말씀하셨습니다.

"그런 말 하지 말라. 여래가 열반에 든 오백년 뒤에도 계를 지키고 복을 닦는 자가 있어 이 문장에서 신심을 내고 이것을 진실한 것으로 여기리라. 이 사람은 한 부처님이나 두 부처님, 서너 다섯 부처님께 선근을 심었을 뿐만 아니라 이미 한량없는 부처님께 여러 선근을 심었으므로 이 말씀을 듣고 일념으로 청정한 믿음을 내는 사람임을 알아야 한다."

須菩提 如來悉知悉見 是諸
수 보 리　여 래 실 지 실 견　시 제
衆生 得如是無量福德 何以
중 생　득 여 시 무 량 복 덕　하 이

故 是諸衆生 無復我相人相衆
고 시제중생 무부아상인상중

生相壽者相 無法相 亦無非法
생상수자상 무법상 역무비법

相 何以故 是諸衆生 若心取相
상 하이고 시제중생 약심취상

則爲着我人衆生壽者 若取法
즉위착아인중생수자 약취법

相 卽着我人衆生壽者 何以故
상 즉착아인중생수자 하이고

若取非法相 卽着我人衆生壽
약취비법상 즉착아인중생수

者 是故 不應取法 不應取非法
자 시고 불응취법 불응취비법

以是義故 如來常說 汝等比丘
이시의고 여래상설 여등비구

知我說法 如筏喩者 法尙應捨
지아설법 여벌유자 법상응사

何況非法
하 황 비 법

"수보리여! 여래는 이러한 중생들이 이와 같이 한량없는 복덕을 얻음을 다 알고 다 본다. 왜냐하면 이러한 중생들은 아상·인상·중생상·수자상이 없고, 법상과 비법상도 없기 때문이다. 왜냐하면 이러한 중생들이 마음에 상을 가지면 아·인·중생·수자에 집착하는 것이고, 법상을 가지면 아·인·중생·수자에 집착하는 것이고 비법상을 가져도 아·인·중생·수자에 집착하는 것이기 때문이다. 그러므로 법을 취해서도 안 되고 비법을 취해서도 안 된다. 그러기에 여래는 늘 설했다. 너희 비구들이여! 나의 설법은 뗏목과 같은 줄 알아라. 법도 버려야 하거늘 하물며 법 아닌 것이랴!"

須菩提 於意云何 如來得阿耨
수 보 리 어 의 운 하 여 래 득 아 누
多羅三藐三菩提耶 如來有所
다 라 삼 먁 삼 보 리 야 여 래 유 소
說法耶
설 법 야

"수보리여! 어떻게 생각하는가? 여래는 아누다라삼먁삼보리를 얻었는가? 여래가 법을 설한 바가 있는가?"

金剛般若波羅蜜經

須菩提言 如我解佛所說義 無
수 보 리 언 여 아 해 불 소 설 의 무

有定法名阿耨多羅三藐三菩提
유 정 법 명 아 누 다 라 삼 먁 삼 보 리

亦無有定法如來可說 何以故
역 무 유 정 법 여 래 가 설 하 이 고

如來所說法 皆不可取 不可說
여 래 소 설 법 개 불 가 취 불 가 설

非法 非非法 所以者何 一切賢
비 법 비 비 법 소 이 자 하 일 체 현

聖 皆以無爲法 而有差別
성 개 이 무 위 법 이 유 차 별

수보리가 대답하였습니다.

"제가 부처님께서 말씀하신 뜻을 이해하기로는 아누다라삼먁삼보리라 할 정해진 법도 없고, 또한 여래께서 설할 수 있는 정해진 법도 없습니다. 왜냐하면 여래께서 법을 설한 바는 모두 취할 수도 없고 설할 수도 없으며, 법도 아니고 비법도 아니기 때문입니다. 그것은 무엇 때문입니까? 일체 성현들은 모두 무위법으로써 차별이 있기 때문입니다."

須菩提 於意云何 若人 滿三
수 보 리 어 의 운 하 약 인 만 삼

千大千世界七寶 以用布施 是
천 대 천 세 계 칠 보 이 용 보 시 시

人 所得福德 寧爲多不
인 소 득 복 덕 영 위 다 부

"수보리여! 어떻게 생각하는가? 어떤 사람이 삼천대천세계에 칠보를 가득 채워 보시한다면 이 사람이 복덕을 얻는 바가 많겠는가?"

須菩提言 甚多世尊 何以故 是
수 보 리 언 심 다 세 존 하 이 고 시

福德 卽非福德性 是故 如來
복 덕 즉 비 복 덕 성 시 고 여 래

說福德多
설 복 덕 다

수보리가 대답하였습니다.
"매우 많습니다. 세존이시여! 왜냐하면 이 복덕은 바로 복덕성이 아닙니다. 그래서 여래께서 복덕이 많다고 말씀하십니다."

若復有人 於此經中受持乃至
약 부 유 인　어 차 경 중 수 지 내 지

四句偈等 爲他人說 其福勝
사 구 게 등　위 타 인 설　기 복 승

彼 何以故 須菩提 一切諸佛
피　하 이 고　수 보 리　일 체 제 불

及諸佛阿耨多羅三藐三菩提
급 제 불 아 누 다 라 삼 먁 삼 보 리

法皆從此經出 須菩提 所謂
법 개 종 차 경 출　수 보 리　소 위

佛法者卽非佛法
불 법 자 즉 비 불 법

"다시 어떤 사람이 이 경을 받고 지녀서 사구게 등을 다른 사람을 위해 설해주는데 이른다면 이 복이 저 복보다 더 뛰어나다. 왜냐하면 수보리여! 모든 부처와 모든 부처의 아누다라삼먁삼보리법은 모두 이 경에서 나왔기 때문이다. 수보리여! 소위 불법이라고 하는 것은 불법이 아니다."

[正宗分 第二節]

須菩提 於意云何 須陀洹 能
수보리 어의운하 수다원 능
作是念 我得須陀洹果不
작 시 념 아 득 수 다 원 과 부

"수보리여! 그대 생각은 어떠한가? 수다원이 '나는 수다원과를 얻었다.'고 생각하겠는가?"

須菩提言 不也世尊 何以故
수보리언 불야세존 하이고
須陀洹 名爲入流而無所入 不
수다원 명위입류이무소입 불
入色聲香味觸法 是明須陀洹
입색성향미촉법 시명수다원

수보리가 대답하였습니다.
"아닙니다. 세존이시여! 왜냐하면 수다원은 '깨달음의 흐름에 든 자'라고 불리지만 들어간 바가 없고, 색성향미촉법에 들어가지 않으므로, 수다원이라 불립니다."

須菩提 於意云何 斯陁含 能
수 보 리 어 의 운 하 사 다 함 능

作是念 我得斯陁含果不
작 시 념 아 득 사 다 함 과 부

"수보리여! 그대 생각은 어떠한가? 사다함이 '나는 사다함과를 얻었다.'고 생각하겠는가?"

須菩提言 不也世尊 何以故
수 보 리 언 불 야 세 존 하 이 고

斯陁含 名一往來 而實無往
사 다 함 명 일 왕 래 이 실 무 왕

來 是名斯陁含
래 시 명 사 다 함

수보리가 대답하였습니다.
"아닙니다. 세존이시여! 왜냐하면 사다함은 '인간 세상에 한번 돌아올 자'라고 불리지만 실로 돌아옴이 없기에 사다함이라 합니다."

須菩提 於意云何 阿那含 能
수 보 리 어 의 운 하 아 나 함 능

作是念 我得阿那含果不
작 시 념 아 득 아 나 함 과 부

"수보리여! 그대 생각은 어떠한가? 아나함이 '나는 아나함과를 얻었다.'고 생각하겠는가?"

須菩提言 不也世尊 何以故
수 보 리 언 불 야 세 존 하 이 고

阿那含 名爲不來 而實無不
아 나 함 명 위 불 래 이 실 무 불

來 是故 名阿那含
래 시 고 명 아 나 함

수보리가 대답하였습니다.
"아닙니다. 세존이시여! 왜냐하면 아나함은 '윤회계에 되돌아오지 않는 자'라고 불리지만 실로 되돌아오지 않음이 없기에 아나함이라 합니다."

須菩提 於意云何 阿羅漢 能
수 보 리 어 의 운 하 아 라 한 능

作是念 我得阿羅漢道不
작 시 념 아 득 아 라 한 도 부

"수보리여! 그대 생각은 어떠한가? 아라한이 '나는 아라한도를 얻었다.'고 생각하겠는가?"

須菩提言 不也世尊 何以故
수보리언 불야세존 하이고
實無有法名阿羅漢 世尊 若
실무유법명아라한 세존 약
阿羅漢作是念 我得阿羅漢
아라한작시념 아득아라한
道 卽爲着我人衆生壽者
도 즉위착아인중생수자

수보리가 대답하였습니다.
"아닙니다. 세존이시여! 왜냐하면 실제 아라한이라 할 만한 법이 없기 때문입니다. 세존이시여! 아라한이 '나는 아라한도를 얻었다.'고 생각한다면 아·인·중생·수자에 집착하는 것이 됩니다."

世尊 佛說我得無諍三昧人中
세존 불설아득무쟁삼매인중
最爲第一 是第一離欲阿羅漢
최위제일 시제일이욕아라한

我不作是念 我是離欲阿羅漢
아 부 작 시 념 아 시 이 욕 아 라 한

"세존이시여! 부처님께서 저를 다툼 없는 삼매를 얻은 사람 가운데 제일이고 욕망을 떠난 제일가는 아라한이라고 말씀하셨습니다. 저는 '나는 욕망을 떠난 아라한이다.'라고 생각하지 않습니다."

世尊 我若作是念 我得阿羅漢
세 존 아 약 작 시 념 아 득 아 라 한
道 世尊 則不說須菩提是樂阿
도 세 존 즉 불 설 수 보 리 시 요 아
蘭那行者 以須菩提實無所行
란 나 행 자 이 수 보 리 실 무 소 행
而名須菩提是樂阿蘭那行
이 명 수 보 리 시 요 아 란 나 행

"세존이시여! 제가 '나는 아라한도를 얻었다.'고 생각한다면 세존께서는 '수보리는 아란나행을 즐기는 사람이다.'라고 말씀하시지 않았을 것입니다. '수보리는 실로 행한 바가 없으므로 수보리는 아란나행을 즐긴다.'라고 말씀하신 것입니다."

佛告須菩提 於意云何 如來昔
불 고 수 보 리 어 의 운 하 여 래 석

在燃燈佛所 於法有所得不
재 연 등 불 소 어 법 유 소 득 부

부처님께서 수보리에게 말씀하셨습니다.
"그대 생각은 어떠한가? 여래가 옛적에 연등불 처소에서 법을 얻은 바가 있는가?"

不也世尊 如來在燃燈佛所 於
불 야 세 존 여 래 재 연 등 불 소 어

法實無所得
법 실 무 소 득

"없습니다. 세존이시여! 여래께서 연등불 처소에서 실제로 법을 얻은 바는 없습니다."

須菩提 於意云何 菩薩 莊嚴
수 보 리 어 의 운 하 보 살 장 엄

佛土不
불 토 부

"수보리여! 그대 생각은 어떠한가? 보살이 불국토를 장엄하게 만드는가?"

不也世尊 何以故 莊嚴佛土者
불야세존 하이고 장엄불토자

則非莊嚴 是名莊嚴
즉비장엄 시명장엄

"아닙니다. 세존이시여! 왜냐하면 불국토를 장엄하게 만든다는 것은 장엄한 것이 아닙니다. 장엄이라고 불릴 뿐입니다."

是故 須菩提 諸菩薩摩訶薩
시고 수보리 제보살마하살

應如是生淸淨心 不應住色
응여시생청정심 불응주색

生心 不應住聲香味觸法生
생심 불응주성향미촉법생

心 應無所住 而生其心
심 응무소주 이생기심

"그러므로 수보리여! 모든 보살마하살은 이와 같은 청정심을 내어야 한다. 마땅히 색에 머무르지 않는 마음을 내어야 하고, 마땅히 성향미촉법에 머무르지 않는 마음을 내어야 한다. 마땅히 머무르는 바 없이 그 마음을 내어야 한다."

須菩提 譬如有人 身如須彌山
수 보 리 비 여 유 인 신 여 수 미 산

王 於意云何 是身爲大不
왕 어 의 운 하 시 신 위 대 부

"수보리여! 어떤 사람의 몸이 수미산같다면 그대 생각은 어떠한가? 그 몸이 크지 않은가?"

須菩提言 甚大世尊 何以故 佛
수 보 리 언 심 대 세 존 하 이 고 불

說非身 是名大身
설 비 신 시 명 대 신

수보리가 대답하였습니다.
"매우 큽니다. 세존이시여! 왜냐하면 부처님께서는 (큰)몸이 아니라고 말씀하십니다. 큰 몸이라 불릴 뿐입니다."

須菩提 如恒河中所有沙數
수 보 리 여 항 하 중 소 유 사 수

如是沙等恒河 於意云何 是諸
여시사등항하 어의운하 시제

恒河沙 寧爲多不
항하사 영위다부

"수보리여! 항하의 모래 수만큼 항하가 있다면 그대 생각은 어떠한가?
이 모든 항하의 모래 수는 많지 않은가?"

須菩提言 甚多世尊 但諸恒河
수보리언 심다세존 단제항하

尙多無數 河況其沙
상다무수 하황기사

수보리가 대답하였습니다.
"매우 많습니다. 세존이시여! 항하들만 해도 헤아릴 수 없이 많은데 하물며 그것의 모래이겠습니까?"

須菩提 我今實言告汝 若有善
수보리 아금실언고여 약유선

男子善女人 以七寶滿爾所恒
남자선여인 이칠보만이소항

河沙數三千大千世界 以用布施
하 사 수 삼 천 대 천 세 계　이 용 보 시

得福多不
득 복 다 부

"수보리여! 내가 지금 진실한 말로 그대에게 말하노니, 선남자선여인이 그 항하 모래 수만큼의 삼천대천세계에 칠보를 가득 채워 보시한다면 그 복덕이 많겠는가?"

須菩提言 甚多世尊
수 보 리 언　심 다 세 존

수보리가 대답하였습니다.
"매우 많습니다. 세존이시여!"

佛告須菩提 若善男子善女人
불 고 수 보 리　약 선 남 자 선 여 인

於此經中乃至受持四句偈等
어 차 경 중 내 지 수 지 사 구 게 등

爲他人說 而此福德 勝前福德
위 타 인 설　이 차 복 덕　승 전 복 덕

부처님께서 수보리에게 말씀하셨습니다.

"선남자선여인이 이 경에서 사구게 등을 받아 지니고 다른 사람을 위해 설해 준다면 이 복이 저 복보다 더 뛰어나다."

復次 須菩提 隨說是經乃至四
부 차 수 보 리 수 설 시 경 내 지 사

句偈等 當知此處 一切世間天
구 게 등 당 지 차 처 일 체 세 간 천

人阿修羅 皆應供養 如佛塔廟
인 아 수 라 개 응 공 양 여 불 탑 묘

何況有人盡能受持讀誦
하 황 유 인 진 능 수 지 독 송

"또한 수보리여! 이 경이 설해지는 곳을 따라 사구게 등에 이른다면, 이 곳은 일체세간의 하늘·인간·아수라가 마땅히 공양할 부처님의 탑묘임을 당연히 알아야 한다. 하물며 이 경 전체를 받아 지녀서 읽고 외우는 사람이랴!"

須菩提 當知是人 成就最上
수 보 리 당 지 시 인 성 취 최 상

第一希有之法 若是經典所在
제 일 희 유 지 법 약 시 경 전 소 재

之處　則爲有佛若尊重第子
지　처　즉위유불약존중제자

"수보리여! 이 사람은 가장 높고 가장 희유한 법을 성취할 것이고, 이 경전이 있는 곳이 부처님과 존경받는 제자들이 계시는 곳임을 당연히 알아야 한다."

[正宗分第三節]

爾時　須菩提白佛言　世尊　當
이시　수보리백불언　세존　당

何名此經　我等云何奉持
하명차경　아등운하봉지

이때 수보리가 부처님께 여쭈었습니다.
"세존이시여! 이 경을 어떻게 불러야 하며 저희들이 어떻게 받들어 지녀야 합니까?"

佛告須菩提　是經名爲金剛
불고수보리　시경명위금강

般若波羅蜜　以是名字　汝當
반야바라밀　이시명자　여당

奉持 所以者何 須菩提 佛說
봉지 소이자하 수보리 불설

般若波羅蜜 則非般若波羅
반야바라밀 즉비반야바라

蜜 是名般若波羅蜜
밀 시명반야바라밀

부처님께서 수보리에게 말씀하셨습니다.

"이 경의 이름은 '금강반야바라밀'이니 이 이름으로 너희들은 받들어 지녀야 한다. 그 까닭은 무엇인가? 수보리여! 부처는 반야바라밀이 반야바라밀이 아니라고 설한다. 다만 반야바라밀이라 불릴 뿐이다."

須菩提 於意云何 如來有所
수보리 어의운하 여래유소

說法不
설법부

"수보리여! 그대 생각은 어떠한가? 여래가 법을 설한 바가 있는가?"

須菩提白佛言 世尊 如來無
수보리백불언 세존 여래무

所說
소 설

수보리가 부처님께 말씀드렸습니다.
"세존이시여! 여래께서 설한 바는 없습니다."

須菩提 於意云何 三千大千
수 보 리 어 의 운 하 삼 천 대 천

世界 所有微塵 是爲多不
세 계 소 유 미 진 시 위 다 부

"수보리여! 어떻게 생각하느냐? 삼천대천세계를 이루고 있는 티끌이 많지 않느냐?"

須菩提言 甚多世尊
수 보 리 언 심 다 세 존

수보리가 대답하였습니다.
"매우 많습니다. 세존이시여."

須菩提 諸微塵 如來說非微
수 보 리 제 미 진 여 래 설 비 미

塵 是名微塵 如來說世界 非
진 시명미진 여래설세계 비

世界 是名世界
세계 시명세계

"수보리여! 여래는 티끌을 티끌이 아니라고 설한다. 티끌이라 부를 뿐이다. 여래는 세계를 세계가 아니라고 설한다. 세계라고 이를 뿐이다."

須菩提 於意云何 可以三十
수보리 어의운하 가이삼십

二相 見如來不
이상 견여래부

"수보리여! 그대 생각은 어떠한가? 32상으로 여래를 볼 수 있는가?"

不也世尊 不可以三十二相 得
불야세존 불가이삼십이상 득

見如來 何以故 如來說三十二
견여래 하이고 여래설삼십이

相卽是非相 是名三十二相
상 즉 시 비 상 시 명 삼 십 이 상

"없습니다. 세존이시여! 32상으로 여래를 볼 수 없습니다. 왜냐하면 여래께서는 32상이 상이 아니라고 설하십니다. 32상으로 이름할 뿐입니다."

須菩提 若有善男子善女人
수 보 리 약 유 선 남 자 선 여 인

以恒河沙等身命布施 若復
이 항 하 사 등 신 명 보 시 약 부

有人 於此經中乃至受持四
유 인 어 차 경 중 내 지 수 지 사

句偈等 爲他人說 其福甚多
구 게 등 위 타 인 설 기 복 심 다

"수보리여! 어떤 선남자 선여인이 항하의 모래 수만큼 목숨을 보시한다고 하자. 또 어떤 사람이 이 경에서 사구게 등을 받아 지니고 다른 사람을 위해 설한다면 이 복이 저 복보다 많다."

[正宗分 第四節]

爾時 須菩提 聞說是經 深解
이시 수보리 문설시경 심해
義趣 涕淚悲泣 而白佛言
의취 체루비읍 이백불언

이때 수보리가 이 경의 설함을 듣고 깊이 그 뜻을 이해하여 감격의 눈물을 흘리며 부처님께 말씀드렸습니다.

希有世尊 佛說如是甚深經
희유세존 불설여시심심경
典 我從昔來所得慧眼 未曾得
전 아종석래소득혜안 미증득
聞如是之經 世尊 若復有人
문여시지경 세존 약부유인
得聞是經 信心淸淨 則生實
득문시경 신심청정 즉생실
相 當知是人成就第一希有功
상 당지시인성취제일희유공

德 世尊 是實相者 則是非相
덕 세존 시실상자 즉시비상

是故 如來說名實相
시고 여래설명실상

"경이롭습니다, 세존이시여! 부처님께서 이와 같이 깊은 경전을 설하신다는 것이. 제가 지금까지 얻은 혜안으로는 이와 같은 경을 얻어 들은 적이 없습니다. 세존이시여! 만일 어떤 사람이 이 경을 듣고 신심이 청정해지면 바로 실상이 일어날 것이니, 이 사람은 가장 희유한 공덕을 성취한 줄 알겠습니다. 세존이시여! 이 실상이라는 것도 실상이 아닙니다. 그런 이유로 여래는 실상이라 이름합니다."

世尊 我今得聞如是經典 信
세존 아금득문여시경전 신

解受持 不足爲難 若當來世
해수지 부족위난 약당래세

後五百歲 其有衆生 得聞是
후오백세 기유중생 득문시

經 信解受持 是人則爲第一
경 신해수지 시인즉위제일

希有 何以故 此人 無我相人
희유 하이고 차인 무아상인

相衆生相壽者相 所以者何
상 중생상 수자상 소이자하

我相卽是非相 人相衆生相壽
아상 즉시비상 인상 중생상 수

者相卽是非相 何以故 離一
자상 즉시비상 하이고 이일

切諸相 則名諸佛
체 제상 즉명제불

"세존이시여! 제가 지금 이와 같은 경전을 듣고 믿고 이해하고 받아 지니기는 어렵지 않습니다. 만약 미래 오백세 뒤에도 어떤 중생이 이 경전을 듣고 믿고 이해하고 받아 지닌다면 이 사람은 가장 희유할 것입니다. 왜냐하면 이 사람은 아상·인상·중생상·수자상이 없기 때문입니다. 무슨 이유에서입니까? 아상은 곧 상이 아니고, 인상·중생상·수자상도 상이 아닙니다. 왜냐하면 일체 모든 상을 떠나야 부처라고 부를 수 있기 때문입니다."

佛告須菩提 如是如是 若復有
불고수보리 여시여시 약부유

人 得聞是經 不驚不怖不畏
인 득문시경 불경불포불외

當知是人 甚爲希有 何以故
당지시인 심위희유 하이고

須菩提 如來說第一波羅蜜 非
수보리 여래설제일바라밀 비

第一波羅蜜 是名第一波羅蜜
제일바라밀 시명제일바라밀

부처님께서 수보리에게 말씀하셨습니다.
"그렇다, 그렇다. 만일 어떤 사람이 이 경을 듣고 놀라지도 않고 무서워하지도 않고 두려워하지도 않는다면 이 사람은 매우 희유하다는 것을 알아야 한다. 왜냐하면 수보리여! 여래는 제일바라밀을 제일바라밀이 아니라고 설한다. 제일바라밀이라고 이름할 뿐이다."

須菩提 忍辱波羅蜜 如來說非
수보리 인욕바라밀 여래설비

忍辱波羅蜜 何以故 須菩提
인욕바라밀 하이고 수보리

如我昔爲歌利王割截身體 我
於爾時 無我相 無人相 無衆生
相 無壽者相 何以故 我於往
昔節節支解時 若有我相人相
衆生相壽者相 應生瞋恨 須菩
提 又念過去於五百歲 作忍辱
仙人 於爾所世 無我相 無人相
無衆生相 無壽者相

"수보리여! 인욕바라밀을 여래는 인욕바라밀이 아니라고 설한다. 왜냐하면 수보리여! 내가 전생에 가리왕에게 온몸이 마디마디 잘렸을 때, 이때 나는 아상·인상·중생상·수자상이 없었기 때문이다. 왜냐하면 내가 옛날 마디마디 사지가 잘렸을 때, 아상·인상·중생상·수자상이 있었다면 성내고 원망하는 마음이 생겼을 것이기 때문이다. 수보리여! 나는 또 과거 오백세 동안 인욕선인이었던 것을 기억한다. 그때 아상·인상·중생상·수자상이 없었다."

是故 須菩提 菩薩 應離一切
시 고 수 보 리 보 살 응 리 일 체

相 發阿耨多羅三藐三菩提心
상 발 아 누 다 라 삼 먁 삼 보 리 심

不應住色生心 不應住聲香味
불 응 주 색 생 심 불 응 주 성 향 미

觸法生心 應生無所住心 若
촉 법 생 심 응 생 무 소 주 심 약

心有住 則爲非住 是故 佛說
심 유 주 즉 위 비 주 시 고 불 설

菩薩 心不應住色布施
보 살 심 불 응 주 색 보 시

"그러므로 수보리여! 보살은 일체상을 떠나 아누다라삼먁삼보리심을 내어야 한다. 색에 머물러 마음을 내어서는 안 되고, 성향미촉법에 머물러 마음을 내어서도 안 된다. 마땅히 머무는 바 없는 마음을 내어야 한다. 만일 마음이 머무는 바가 있으면 머무름이 아니다. 그러므로 부처는 '보살은 마땅히 색에 머무르지 말고 보시해야 한다.'고 말한다."

須菩提 菩薩 爲利益一切衆生
수보리 보살 위이익일체중생

應如是布施 如來說一切諸相
응여시보시 여래설일체제상

卽是非相 又說一切衆生 則非
즉시비상 우설일체중생 즉비

衆生
중생

"수보리여! 보살은 일체중생이 이익이 되게 하기 위해 마땅히 이와 같이 보시해야 한다. 여래는 일체 모든 상이 상이 아니라고 말한다. 또한 일체중생은 중생이 아니라고 설한다."

須菩提 如來 是眞語者 實語
수보리 여래 시진어자 실어

者 如語者 不誑語者 不異語
자 여어자 불광어자 불이어

者 須菩提 如來所得法 此法
자 수보리 여래소득법 차법

無實無虛
무실무허

"수보리여! 여래는 바른 말을 하는 이고, 참된 말을 하는 이며, 이치에 맞는 말을 하는 이고, 속임 없이 말하는 이며, 기이하지 않게 말하는 이다. 수보리여! 여래가 법을 얻은 바, 이 법은 무실무허하다."

須菩提 若菩薩心住於法 而行
수보리 약보살심주어법 이행

布施 如人入闇 則無所見 若
보시 여인입암 즉무소견 약

菩薩心不住法 而行布施 如人
보살심부주법 이행보시 여인

有目 日光明照 見種種色
유목 일광명조 견종종색

"수보리여! 만약 보살의 마음이 법에 머물러 보시를 행하면 마치 사람이 어둠 속에 들어가 아무것도 보지 못하는 것과 같고, 만약 보살의 마음이 법에 머무르지 않고 보시를 행하면 마치 사람이 눈이 있고 햇빛이 밝게 비추어 갖가지 색을 보는 것과 같다."

須菩提 當來之世 若有善男子
수 보 리   당 래 지 세   약 유 선 남 자
善女人 能於此經 受持讀誦
선 여 인   능 어 차 경   수 지 독 송
則爲如來 以佛智慧 悉知是人
즉 위 여 래   이 불 지 혜   실 지 시 인
悉見是人 皆得成就無量無邊
실 견 시 인   개 득 성 취 무 량 무 변
功德
공 덕

"수보리여! 앞으로 오는 세상에 만약 어떤 선남자선여인이 이 경을 받아 지니고 읽고 외운다면 여래는 부처의 지혜로 이 사람은 모두 무량무변공덕을 성취할 수 있음을 다 알고 다 본다."

須菩提 若有善男子善女人 初
수 보 리   약 유 선 남 자 선 여 인   초
日分 以恒河沙等身布施 中日
일 분   이 항 하 사 등 신 보 시   중 일

分 復以恒河沙等身布施 後日
분 부이항하사등신보시 후일

分 亦以恒河沙等身布施 如是
분 역이항하사등신보시 여시

無量百千萬億劫 以身布施 若
무량백천만억겁 이신보시 약

復有人 聞此經典 信心不逆
부유인 문차경전 신심불역

其福勝彼 何況書寫受持讀誦
기복승피 하황서사수지독송

爲人解說
위인해설

"수보리여! 어떤 선남자선여인이 아침나절에 항하의 모래 수만큼 몸을 보시하고 점심나절에 항하의 모래 수만큼 몸을 보시하며 저녁나절에 항하의 모래 수만큼 몸을 보시하며 무량백천만억겁 동안 이와 같이 몸을 보시한다고 하자. 만약 또 어떤 사람이 이 경전을 듣고 신심이 거슬리지 않는다면 이 복이 저 복을 이긴다. 하물며 이 경전을 베껴 쓰고 받아 지니고 읽고 외우고 남에게 해설해 주는 사람에게 있어서야."

須菩提 以要言之 是經有不可
수보리 이요언지 시경유불가

思議 不可稱量無邊功德 如
사의 불가칭량무변공덕 여

來爲發大乘者說 爲發最上乘
래위발대승자설 위발최상승

者說
자설

"수보리여! 요약하여 말하자면 이 경은 불가사의하고 헤아릴 수 없는 가없는 공덕을 가지고 있다. 여래는 대승을 발한 자를 위하여 설하고 최상승을 발한 자를 위하여 설한다."

若有人 能受持讀誦 廣爲人說
약유인 능수지독송 광위인설

如來悉知是人 悉見是人 皆得
여래실지시인 실견시인 개득

成就不可量不可稱無有邊不
성취불가량불가칭무유변불

可思議功德 如是人等 則爲荷
가사의공덕 여시인등 즉위하

擔如來阿耨多羅三藐三菩提
담여래아누다라삼먁삼보리

何以故 須菩提 若樂小法者 着
하이고 수보리 약요소법자 착

我見人見衆生見壽者見 則於
아견인견중생견수자견 즉어

此經 不能聽受讀誦 爲人解說
차경 불능청수독송 위인해설

"만약 어떤 사람이 이 경을 받아 지니고 읽고 외우고 널리 사람들을 위하여 설하면, 여래는 이 사람이 헤아릴 수 없고 말할 수 없고 한없고 불가사의한 공덕을 성취할 것임을 다 알고 다 본다. 이와 같은 사람들은 여래의 아누다라삼먁삼보리를 감당하게 될 것이다. 왜냐하면 수보리여! 작은 법을 즐기는 자는 아견·인견·중생견·수자견에 집착하여 이 경을 듣고 받아 읽고 외우고 사람들에게 해설할 수가 없기 때문이다."

須菩提 在在處處 若有此經
수보리 재재처처 약유차경

一切世間天人阿修羅 所應供
일 체 세 간 천 인 아 수 라   소 응 공
養 當知此處 則爲是塔 皆應
양   당 지 차 처   즉 위 시 탑   개 응
恭敬 作禮圍繞 以諸華香 而
공 경   작 례 위 요   이 제 화 향   이
散其處
산 기 처

"수보리여! 어느 곳이든 이 경이 있는 곳이 일체세간의 하늘·인간·아수라에게 마땅히 공양받는 곳이다. 이 곳이 탑이 된다는 것을 당연히 알아야 한다. 모두 마땅히 공경하고 예를 드리고 주위를 돌면서 온갖 꽃과 향기로 그 곳에 흩뿌려야 한다."

復次 須菩提 善男子善女人 受
부 차   수 보 리   선 남 자 선 여 인   수
持讀誦此經 若爲人輕賤 是
지 독 송 차 경   약 위 인 경 천   시
人 先世罪業 應墮惡道 以今世
인   선 세 죄 업   응 타 악 도   이 금 세

人輕賤故 先世罪業 則爲消滅
인 경 천 고 선 세 죄 업 즉 위 소 멸

當得阿耨多羅三藐三菩提
당 득 아 누 다 라 삼 먁 삼 보 리

"또한 수보리여! 선남자선여인이 이 경을 받아 지니어 읽고 외운다 하더라도 만약 사람들에게서 경시당하고 천시당한다면, 이 사람은 선세 죄업으로 응당 악도에 떨어질 것이나 현세에 사람들에게서 경시당하고 천시당하는 것으로 선세죄업은 소멸되고 아누다라삼먁삼보리를 당연히 얻게 된다."

須菩提 我念過去無量阿僧祇
수 보 리 아 념 과 거 무 량 아 승 기

劫 於燃燈佛前 得値八百四千
겁 어 연 등 불 전 득 치 팔 백 사 천

萬億那由他諸佛 悉皆供養承
만 억 나 유 타 제 불 실 개 공 양 승

事 無空過者 若復有人 於後
사 무 공 과 자 약 부 유 인 어 후

末世 能受持讀誦此經 所得
말 세 능 수 지 독 송 차 경 소 득

功德 於我所供養諸佛功德 百
공덕 어아소공양제불공덕 백

分不及一 千萬億分乃至算數
분불급일 천만억분내지산수

譬喩 所不能及
비유 소불능급

"수보리여! 나는 과거 무량한 아승기겁 동안 팔백사천만억 나유타의 부처님들을 만나 모두 공양하고 섬김에 헛되이 지나친 바가 없었다. 만약 어떤 사람이 오는 말세에 이 경을 받아 지니어 읽고 외울 수 있어서 얻는 공덕에 비하면, 내가 여러 부처님을 공양한 공덕에서 얻은 공덕은 백분의 일에 미치지 못하고, 천분의 일, 만분의 일, 억분의 일에도 미치지 못 하고, 산수나 비유로도 미치지 못한다."

須菩提 若善男子善女人 於後
수보리 약선남자선여인 어후

末世 有受持讀誦此經 所得
말세 유수지독송차경 소득

功德 我若具說者 或有人聞 心
공덕 아약구설자 혹유인문 심

則狂亂 狐疑不信 須菩提 當
즉광란 호의불신 수보리 당
知 是 經義 不可思議 果報亦
지 시 경의 불가사의 과보역
不可思議
불 가 사 의

"수보리여! 선남자선여인이 오는 말세에 이 경전을 받아 지니어 읽고 외워서 얻는 공덕을 내가 자세히 말하는 것을 혹 어떤 사람이 듣는다면 마음은 미친 듯이 어지럽고 의심하고 믿지 않을 것이다. 수보리여! 이 경의 뜻은 불가사의하며 그 과보도 불가사의함을 마땅히 알아야 한다."

[正宗分 第五節]

爾時 須菩提白佛言 世尊 善
이시 수보리백불언 세존 선
男子善女人 發阿耨多羅三藐
남자선여인 발아누다라삼먁
三菩提心 云何應住 云何降
삼 보리심 운하응주 운하항

伏其心
복 기 심

이때 수보리가 부처님께 아뢰어 말하였습니다.
"세존이시여, 선남자선여인이 아누다라삼먁삼보리심을 발하면 어떻게 머무르고 어떻게 그 마음을 항복받아야 합니까?"

佛告須菩提 善男子善女人 發
불 고 수 보 리　선 남 자 선 여 인　발

阿耨多羅三藐三菩提者 當生
아 누 다 라 삼 먁 삼 보 리 자　당 생

如是心 我應滅度一切衆生 滅
여 시 심　아 응 멸 도 일 체 중 생　멸

度一切衆生已 而無有一衆生
도 일 체 중 생 이　이 무 유 일 중 생

實滅度者 何以故 須菩提 若
실 멸 도 자　하 이 고　수 보 리　약

菩薩有我相人相衆生相壽者相
보 살 유 아 상 인 상 중 생 상 수 자 상

則非菩薩 所以者何 須菩提
즉 비 보 살   소 이 자 하   수 보 리

實無有法發阿耨多羅三藐三
실 무 유 법 발 아 누 다 라 삼 먁 삼

菩提者
보 리 자

부처님께서 수보리에게 말씀하셨습니다.
 "만약 선남자선여인이 아누다라삼먁삼보리라는 것을 발하면, 마땅히 이와 같은 마음을 내어야 한다. '나는 일체중생을 멸도하겠으나, 일체중생을 멸도한 후에도 실로 멸도한 중생은 없다.' 왜냐하면 수보리여! 보살에게 아상·인상·중생상·수자상이 있으면 보살이 아니기 때문이다. 그 까닭이 무엇이냐? 수보리여! 아누다라삼먁삼보리라는 것을 발하는 법이 실로 따로 있는 것이 아니기 때문이다."

須菩提 於意云何 如來於燃
수 보 리   어 의 운 하   여 래 어 연

燈佛所 有法得阿耨多羅三藐
등 불 소   유 법 득 아 누 다 라 삼 먁

三菩提不
삼 보 리 부

"수보리여! 그대 생각은 어떠한가? 여래가 연등불 처소에서 아누다라삼먁삼보리를 얻은 법이 있었는가?"

不也世尊 如我解佛所說義
불야세존 여아해불소설의
佛於燃燈佛所 無有法得阿
불어연등불소 무유법득아
耨多羅三藐三菩提
누 다 라 삼 먁 삼 보 리

"아닙니다. 세존이시여! 제가 부처님께서 말씀하신 뜻을 이해하기로는 부처님께서 연등불 처소에서 아누다라삼먁삼보리를 얻은 법이 없습니다."

佛言 如是如是 須菩提 實無
불언 여시여시 수보리 실무
有法如來得阿耨多羅三藐三
유법여래득아누다라삼먁삼
菩提 須菩提 若有法如來得
보리 수보리 약유법여래득

阿耨多羅三藐三菩提者 燃燈
아 누 다 라 삼 먁 삼 보 리 자 연 등
佛 則不與我受記 汝於來世
불 즉 불 여 아 수 기 여 어 래 세
當得作佛 號釋迦牟尼 以實
당 득 작 불 호 석 가 모 니 이 실
無有法得阿耨多羅三藐三菩
무 유 법 득 아 누 다 라 삼 먁 삼 보
提 是故 燃燈佛 與我受記 作
리 시 고 연 등 불 여 아 수 기 작
是言 汝於來世 當得作佛 號
시 언 여 어 래 세 당 득 작 불 호
釋迦牟尼 何以故 如來者 卽
석 가 모 니 하 이 고 여 래 자 즉
諸法如義
제 법 여 의

부처님께서 말씀하셨습니다.
"그렇다, 그렇다. 수보리여! 실로 여래가 아누다라삼먁삼보리를 얻은 법은 없다.

수보리여! 여래가 아누다라삼먁삼보리라는 것을 얻는 법이 있었다면 연등불께서 내게 '그대는 내세에 석가모니로 불리는 부처가 될 것이다.'라고 수기하지 않았을 것이다. 아누다라삼먁삼보리를 얻는 법이 실제로 없었으므로 연등불께서 내게 수기를 주시며 '그대는 내세에 반드시 석가모니로 불리는 부처가 될 것이다.'라고 말씀하셨다. 왜냐하면 여래라는 것도 제법에 여여한 뜻이다."

若有人言 如來得阿耨多羅三
약 유 인 언 여 래 득 아 누 다 라 삼

藐三菩提 須菩提 實無有法佛
먁 삼 보 리 수 보 리 실 무 유 법 불

得阿耨多羅三藐三菩提 須菩
득 아 누 다 라 삼 먁 삼 보 리 수 보

提 如來所得阿耨多羅三藐三
리 여 래 소 득 아 누 다 라 삼 먁 삼

菩提 於是中無實無虛 是故
보 리 어 시 중 무 실 무 허 시 고

如來說一切法 皆是佛法 須菩
여 래 설 일 체 법 개 시 불 법 수 보

提 所言一切法者 卽非一切法
리 소 언 일 체 법 자 즉 비 일 체 법

是故 名一切法
시 고 명 일 체 법

"어떤 사람이 여래가 아누다라삼먁삼보리를 얻었다고 말한다면, 수보리여! 여래가 실로 아누다라삼먁삼보리를 얻은 법은 없다. 수보리여! 여래가 아누다라삼먁삼보리를 얻은 바, 무실무허하다. 그러므로 여래는 일체법이 모두 불법이라 말한다. 수보리여! 소위 일체법이라는 것도 일체법이 아니므로, 일체법이라 이름한다."

須菩提 譬如人身長大
수 보 리 비 여 인 신 장 대

"수보리여! 비유하자면 사람의 몸이 장대한 것과 같다."

須菩提言 世尊 如來說人身
수 보 리 언 세 존 여 래 설 인 신

長大 則爲非大身 是名大身
장 대 즉 위 비 대 신 시 명 대 신

수보리가 말하였습니다.
"세존이시여! 여래께서 사람의 몸이 장대하다는 것은 큰 몸이 아니라고 설하셨습니다. 큰 몸이라 이름할 뿐입니다."

須菩提 菩薩亦如是 若作是言
수보리 보살역여시 약작시언

我當滅度無量衆生 則不名菩
아당멸도무량중생 즉불명보

薩 何以故 須菩提 實無有法名
살 하이고 수보리 실무유법명

爲菩薩 是故 佛說一切法 無
위보살 시고 불설일체법 무

我無人無衆生無壽者
아무인무중생무수자

"수보리여! 보살도 역시 그러하다. '나는 반드시 한량없는 중생을 제도하리라.' 말한다면 보살이라 할 수 없다. 왜냐하면 실로 보살이라고 할만한 법이 없기 때문이다. 그러므로 부처는 일체법에 아·인·중생·수자가 없다고 말한다."

須菩提 若菩薩作是言 我當
수보리 약보살작시언 아당

莊嚴佛土 是不名菩薩 何以
장엄불토 시불명보살 하이

故 如來說莊嚴佛土者 卽非
莊嚴 是名莊嚴 須菩提 若菩
薩 通達無我法者 如來說名
眞是菩薩

"수보리여! 보살이 만약 '나는 반드시 불토를 장엄하게 하리라.' 말한다면 이는 보살이라 할 수 없다. 왜냐하면 여래는 불국토를 장엄하게 한다는 것은 장엄이 아니고, 장엄이라고 이름할 뿐이기 때문이다. 수보리여! 보살이 無我의 법을 통달한다면 여래는 그를 진정한 보살이라 부른다."

須菩提 於意云何 如來有肉
眼不 如是世尊 如來有肉眼

"수보리여! 그대 생각은 어떠한가? 여래에게 육안이 있는가?"
"그렇습니다, 세존이시여! 여래에게는 육안이 있습니다."

須菩提 於意云何 如來有天
수 보 리   어 의 운 하   여 래 유 천
眼不 如是世尊 如來有天眼
안 부   여 시 세 존   여 래 유 천 안

"수보리여! 그대 생각은 어떠한가? 여래에게 천안이 있는가?"
"그렇습니다, 세존이시여! 여래에게는 천안이 있습니다."

須菩提 於意云何 如來有慧
수 보 리   어 의 운 하   여 래 유 혜
眼不 如是世尊 如來有慧眼
안 부   여 시 세 존   여 래 유 혜 안

"수보리여! 그대 생각은 어떠한가? 여래에게 혜안이 있는가?"
"그렇습니다, 세존이시여! 여래에게는 혜안이 있습니다."

須菩提 於意云何 如來有法
수 보 리   어 의 운 하   여 래 유 법
眼不 如是世尊 如來有法眼
안 부   여 시 세 존   여 래 유 법 안

"수보리여! 그대 생각은 어떠한가? 여래에게 법안이 있는가?"
"그렇습니다, 세존이시여! 여래에게는 법안이 있습니다."

須菩提 於意云何 如來有佛
수 보 리 어 의 운 하 여 래 유 불
眼不 如是世尊 如來有佛眼
안 부 여 시 세 존 여 래 유 불 안

"수보리여! 그대 생각은 어떠한가? 여래에게 불안이 있는가?"
"그렇습니다, 세존이시여! 여래에게는 불안이 있습니다."

須菩提 於意云何 如恒河中
수 보 리 어 의 운 하 여 항 하 중
所有沙 佛說是沙不 如是世尊
소 유 사 불 설 시 사 부 여 시 세 존
如來說是沙
여 래 설 시 사

"수보리여! 그대 생각은 어떠한가? 여래는 항하의 모래에 대해서 설하였는가?"
"그렇습니다, 세존이시여! 여래는 이 모래에 대해 설하였습니다."

須菩提 於意云何 如一恒河
수 보 리 　 어 의 운 하 　 여 일 항 하

中所有沙 有如是等恒河 是
중 소 유 사 　 유 여 시 등 항 하 　 시

諸恒河所有沙數佛世界 如是
제 항 하 소 유 사 수 불 세 계 　 여 시

寧爲多不 甚多世尊
영 위 다 부 　 심 다 세 존

"수보리여! 그대 생각은 어떠한가? 한 항하의 모래만큼의 항하가 있고, 이 여러 항하의 모래 수만큼 부처님 세계가 있다면 진정 많다고 하겠는가?"
"매우 많습니다. 세존이시여!"

佛告須菩提 爾所國土中 所有
불 고 수 보 리 　 이 소 국 토 중 　 소 유

衆生 若干種心 如來悉知 何
중 생 　 약 간 종 심 　 여 래 실 지 　 하

以故 如來說諸心 皆爲非心
이 고 　 여 래 설 제 심 　 개 위 비 심

是名爲心 所以者何 須菩提
시명위심 소이자하 수보리

過去心不可得 現在心不可得
과거심불가득 현재심불가득

未來心不可得
미래심불가득

부처님께서 수보리에게 말씀하셨습니다.

"그 국토에 있는 중생의 어떤 마음을 선택해도 여래는 다 안다. 왜냐하면 여래는 모든 마음이 마음이 아니라 설하고, 마음이라 이름하기 때문이다. 무슨 이유에서인가? 수보리여! 과거의 마음도 얻을 수 없고 현재의 마음도 얻을 수 없고 미래의 마음도 얻을 수 없기 때문이다."

須菩提 於意云何 若有人滿
수보리 어의운하 약유인만

三千大千世界七寶 以用布施
삼천대천세계칠보 이용보시

是人 以是因緣得福多不
시인 이시인연득복다부

"수보리여! 그대 생각은 어떠한가? 어떤 사람이 삼천대천세계에 칠보를 가득 채워 보시한다면 이 사람이 이 인연으로 얻는 복덕이 많은가?"

如是世尊 此人 以是因緣得
여 시 세 존 차 인 이 시 인 연 득
福甚多
복 심 다

"그렇습니다, 세존이시여! 이 사람은 이 인연으로 얻는 복덕이 매우 많습니다."

須菩提 若福德有實 如來不
수 보 리 약 복 덕 유 실 여 래 불
說得福德多 以福德無故 如
설 득 복 덕 다 이 복 덕 무 고 여
來說得福德多
래 설 득 복 덕 다

"수보리여! 복덕이 실체가 있다면 여래는 얻는 복덕이 많다고 말하지 않았을 것이다. 복덕은 실체가 없기에 여래는 얻는 복덕이 많다고 말한다."

[正宗分 第六節]

須菩提 於意云何 佛可以具
수 보 리 어 의 운 하 불 가 이 구

足色身見不
족 색 신 견 부

"수보리여! 그대 생각은 어떠한가? 색신을 구족하였다고 부처라고 볼 수 있겠는가?"

不也世尊 如來 不應以具足色
불 야 세 존 여 래 불 응 이 구 족 색

身見 何以故 如來說具足色身
신 견 하 이 고 여 래 설 구 족 색 신

卽非具足色身 是名具足色身
즉 비 구 족 색 신 시 명 구 족 색 신

"아닙니다, 세존이시여! 색신을 구족하였다고 여래라고 볼 수 없습니다. 왜냐하면 여래께서는 색신을 구족하는 것은 색신을 구족하는 것이 아니라고 설하셨습니다. 색신을 구족한다고 이름할 뿐입니다."

須菩提 於意云何 如來可以
수보리 어의운하 여래가이

具足諸相見不
구족제상견부

"수보리여! 그대 생각은 어떠한가? 제상을 구족하였다고 여래라고 볼 수 있겠는가?"

不也世尊 如來 不應以具足諸
불야세존 여래 불응이구족제

相見 何以故 如來說諸相具足
상견 하이고 여래설제상구족

卽非具足 是名諸相具足
즉비구족 시명제상구족

"아닙니다, 세존이시여! 제상을 구족하였다고 여래라고 볼 수 없습니다. 왜냐하면 여래께서는 제상을 구족하는 것은 제상을 구족하는 것이 아니라고 설하셨습니다. 제상을 구족한다고 이름할 뿐입니다."

須菩提 汝勿謂如來作是念 我
수보리 여물위여래작시념 아

當有所說法 莫作是念 何以故
당유소설법 막작시념 하이고

若人言 如來有所說法 卽爲謗
약인언 여래유소설법 즉위방

佛 不能解我所說故 須菩提 說
불 불능해아소설고 수보리 설

法者 無法可說 是名說法
법자 무법가설 시명설법

"수보리여! 그대는 여래가 '나는 설한 법이 있다.'는 생각을 한다고 말하지 말라. 이런 생각을 하지 말라. 왜냐하면 '여래께서 설하신 법이 있다.'고 말한다면, 이 사람은 여래를 비방하는 것이니, 내가 설한 것을 이해하지 못했기 때문이다. 수보리여! 법을 설한다고 하지만 설할 수 있는 법은 없다. 법을 설한다고 이름할 뿐이다."

爾時 慧命須菩提白佛言 世尊
이시 혜명수보리백불언 세존

頗有衆生 於未來世 聞說是法
파유중생 어미래세 문설시법

生信心不
생 신 심 부

이때 혜명수보리가 부처님께 여쭈었습니다.
"세존이시여! 미래에 이 법을 설함을 듣고 신심을 낼 중생이 자못 있겠습니까?"

佛言 須菩提 彼非衆生 非不
불언 수보리 피비중생 비불
衆生 何以故 須菩提 衆生衆
중생 하이고 수보리 중생중
生者 如來說非衆生 是名衆生
생자 여래설비중생 시명중생

부처님께서 말씀하셨습니다.
"수보리여! 저들은 중생이 아니요, 중생이 아닌 것도 아니다. 왜냐하면 수보리여! 중생 중생이라 하는 것은 여래가 중생이 아니라고 설하였다. 중생이라 이름할 뿐이다."

須菩提白佛言 世尊 佛得阿耨
수보리백불언 세존 불득아누
多羅三藐三菩提 爲無所得耶
다라삼먁삼보리 위무소득야

수보리가 부처님께 여쭈었습니다.
"세존이시여! 부처님께서 아누다라삼먁삼보리를 얻었다는데, 얻은 바는 없는 것입니까?"

佛言 如是如是 須菩提 我於
불언 여시여시 수보리 아어

阿耨多羅三藐三菩提 乃至無
아누다라삼먁삼보리 내지무

有少法可得 是名阿耨多羅三
유소법가득 시명아누다라삼

藐三菩提
먁삼보리

부처님께서 말씀하셨습니다.
"그렇다, 그렇다. 수보리여! 내가 아누다라삼먁삼보리에서 조그마한 법이라도 얻은 바가 없다. 아누다라삼먁삼보리라고 이름할 뿐이다."

復次 須菩提 是法平等無有高
부차 수보리 시법평등무유고

下 是名阿耨多羅三藐三菩提
하 시명아누다라삼먁삼보리

以無我無人無衆生無壽者 修
이 무 아 무 인 무 중 생 무 수 자 수

一切善法 則得阿耨多羅三藐
일 체 선 법 즉 득 아 누 다 라 삼 먁

三菩提 須菩提 所言善法者
삼 보 리 수 보 리 소 언 선 법 자

如來說 卽非善法 是名善法
여 래 설 즉 비 선 법 시 명 선 법

"또한 수보리여! 이 법은 평등하여 높고 낮음이 없으니, 아누다라삼먁삼보리라 이름한다. 아·인·중생·수자를 없게 함으로써 일체선법을 닦으면, 아누다라삼먁삼보리를 얻는다. 수보리여! 선법이라는 것은 선법이 아니라고 여래는 설한다. 선법이라 이름할 뿐이다."

須菩提 若三千大千世界中 所
수 보 리 약 삼 천 대 천 세 계 중 소

有諸須彌山王 如是等七寶聚
유 제 수 미 산 왕 여 시 등 칠 보 취

有人持用布施 若人 以此般若
유 인 지 용 보 시 약 인 이 차 반 야

波羅蜜經 乃至四句偈等 受持
바라밀경 내지사구게등 수지

讀誦 爲他人說 於前福德 百
독송 위타인설 어전복덕 백

分不及一 百千萬億分 乃至算
분불급일 백천만억분 내지산

數譬喩 所不能及
수 비 유 소 불 능 급

"수보리여! 만약 삼천대천세계에 있는 모든 수미산만큼 칠보무더기를 가지고 보시하는 사람이 있고, 어떤 사람은 이 반야바라밀경의 사구게 등을 받아 지니어 읽고 외우고 남을 위해서 설한다면, 앞의 복덕은 뒤의 복덕의 백분의 일에 미치지 못하고, 천분의 일, 만분의 일, 억분의 일에도 미치지 못하고, 산수나 비유로도 미치지 못한다."

[正宗分第七節]

須菩提 於意云何 汝等勿謂如
수보리 어의운하 여등물위여

來作是念 我當度衆生 須菩提
래작시념 아당도중생 수보리

莫作是念 何以故 實無有衆生
막 작 시 념 하 이 고 실 무 유 중 생

如來度者 若有衆生如來度者
여 래 도 자 약 유 중 생 여 래 도 자

如來則有我人衆生壽者 須菩
여 래 즉 유 아 인 중 생 수 자 수 보

提 如來說有我者 則非有我
리 여 래 설 유 아 자 즉 비 유 아

而凡夫之人 以爲有我 須菩提
이 범 부 지 인 이 위 유 아 수 보 리

凡夫者 如來說則非凡夫
범 부 자 여 래 설 즉 비 범 부

"수보리여! 그대 생각은 어떠한가? 그대들은 여래가 '나는 중생을 제도하리라.' 는 생각을 한다고 말하지 말라. 수보리여! 이런 생각을 하지 말라. 왜냐하면 실로 여래가 제도한 중생은 없기 때문이다. 만약 여래가 제도한 중생이 있다면 여래는 아·인·중생·수자가 있는 것이다. 수보리여! 여래는 유아라는 것이 유아가 아니라고 말한다. 그러나 범부는 유아가 있다고 여긴다. 수보리여! 범부라는 것도 여래는 범부가 아니라고 설한다."

須菩提 於意云何 可以三十二
수 보 리 어 의 운 하 가 이 삼 십 이

相觀如來不
상 관 여 래 부

"수보리여! 그대 생각은 어떠한가? 32상으로 여래를 볼 수 있는가?"

須菩提言 如是如是 以三十二
수 보 리 언 여 시 여 시 이 삼 십 이

相觀如來
상 관 여 래

수보리가 대답하였습니다.
"그렇습니다, 그렇습니다. 32상으로 여래를 볼 수 있습니다."

佛言 須菩提 若以三十二相觀
불 언 수 보 리 약 이 삼 십 이 상 관

如來者 轉輪聖王 則是如來
여 래 자 전 륜 성 왕 즉 시 여 래

부처님께서 말씀하셨습니다.
"수보리여! 32상으로 여래를 보는 것이면 전륜성왕도 여래겠구나!"

須菩提白佛言 世尊 如我解
佛所說義 不應以三十二相
觀如來

수보리백불언 세존 여아해 불소설의 불응이삼십이상 관여래

수보리가 부처님께 말씀드렸습니다.

"세존이시여! 제가 부처님께서 말씀하신 뜻을 이해하기로는 32상으로 여래를 볼 수 없습니다."

爾時 世尊 而說偈言 若以色見
我 以音聲求我 是人行邪道
不能見如來

이시 세존 이설게언 약이색견 아 이음성구아 시인행사도 불능견여래

이때 세존께서 게송으로 말씀하셨습니다.

"색으로 나를 보거나 음성으로 나를 찾으면 이 사람은 잘못된 방법을 행하여 여래를 볼 수 없다."

須菩提 汝若作是念 如來不以
수보리 여약작시념 여래불이

具足相故得阿耨多羅三藐三
구족상고득아누다라삼먁삼

菩提 須菩提 莫作是念 如來
보리 수보리 막작시념 여래

不以具足相故得阿耨多羅三
불이구족상고득아누다라삼

藐三菩提 須菩提 汝若作是念
먁삼보리 수보리 여약작시념

發阿耨多羅三藐三菩提者 說
발아누다라삼먁삼보리자 설

諸法斷滅相 莫作是念 何以故
제법단멸상 막작시념 하이고

發阿耨多羅三藐三菩提心者
발아누다라삼먁삼보리심자

於法不說斷滅相
어법불설단멸상

"수보리여! 네가 만약 '여래는 상을 구족하여 아누다라삼먁삼보리를 얻은 것이 아니다.'라고 생각한다면, 수보리여! '여래는 상을 구족하여 아누다라삼먁삼보리를 얻은 것이 아니다.'라고 생각하지 말라. 수보리여! 그대가 만약 아누다라삼먁삼보리심을 발한 자는 제법에서 상을 단멸해야 한다고 말한다면 그런 생각을 하지말라. 왜냐하면 아누다라삼먁삼보리심을 발한 자는 법에서 상을 단멸해야 한다고 말하지 않기 때문이다."

須菩提 若菩薩 以滿恒河沙等
수 보 리   약 보 살   이 만 항 하 사 등

世界七寶 持用布施 若復有人
세 계 칠 보   지 용 보 시   약 부 유 인

知一切法無我 得成於忍 此菩
지 일 체 법 무 아   득 성 어 인   차 보

薩 勝前菩薩所得功德 須菩提
살   승 전 보 살 소 득 공 덕   수 보 리

以諸菩薩 不受福德故
이 제 보 살   불 수 복 덕 고

"수보리여! 보살이 항하의 모래 수만큼 세계에 칠보를 가득 채워 보시한다고 하자. 또 어떤 사람이 일체법이 무아임을 알아 인(忍)을 성취한다고 하자. 이 보살의 공덕은 앞의 보살이 얻은 공덕을 이긴다. 수보리여! 모든 보살들은 복덕을 받지 않기 때문이다."

須菩提白佛言 世尊 云何菩薩
수 보 리 백 불 언 세 존 운 하 보 살

不受福德
불 수 복 덕

수보리가 부처님께 여쭈었습니다.
"세존이시여! 어찌하여 보살이 복덕을 받지 않습니까?"

須菩提 菩薩 所作福德 不應
수 보 리 보 살 소 작 복 덕 불 응

貪着 是故 說不受福德
탐 착 시 고 설 불 수 복 덕

"수보리여! 보살은 지은 복덕에 탐착하지 않으므로 복덕을 받지 않는다고 설한다."

[正宗分 第八節]

須菩提 若有人言 如來 若來
수 보 리 약 유 인 언 여 래 약 래

若去若坐若臥 是人 不解我
약 거 약 좌 약 와 시 인 불 해 아

所說義 何以故 如來者 無所
소설의 하이고 여래자 무소

從來 亦無所去 故名如來
종래 역무소거 고명여래

"수보리여! 어떤 사람이 '여래는 오기도 하고 가기도 하며 앉기도 하고 눕기도 한다.'고 말한다면, 그 사람은 내가 설한 뜻을 이해하지 못한 것이다. 왜냐하면 여래란 오는 것도 없고 가는 것도 없으므로 여래라고 말하기 때문이다."

須菩提 若善男子善女人 以
수보리 약선남자선여인 이

三千大千世界 碎爲微塵 於
삼천대천세계 쇄위미진 어

意云何 是微塵衆 寧爲多不
의운하 시미진중 영위다부

"수보리여! 선남자선여인이 삼천대천세계를 부수어 가는 티끌을 만든다면, 그대 생각은 어떠한가? 이 티끌들이 진정 많겠는가?"

甚多世尊 何以故 若是微塵衆
심다세존 하이고 약시미진중

實有者 佛則不說是微塵衆 所
실유자 불즉불설시미진중 소

以者何 佛說微塵衆 則非微塵
이자하 불설미진중 즉비미진

衆 是名微塵衆
중 시명미진중

"매우 많습니다, 세존이시여! 왜냐하면 티끌들이 실제로 있는 것이라면 여래께서는 티끌들이라고 말씀하지 않으셨을 것이기 때문입니다. 무슨 이유에서입니까? 부처님은 티끌들은 티끌들이 아니라고 설합니다. 티끌들이라 이름할 뿐입니다."

世尊 如來所說三千大千世界
세존 여래소설삼천대천세계

則非世界 是名世界 何以故 若
즉비세계 시명세계 하이고 약

世界 實有者 則是一合相 如來
세계 실유자 즉시일합상 여래

說一合相 則非一合相 是名一
설 일 합 상 즉 비 일 합 상 시 명 일

合相
합 상

"세존이시여! 여래께서 말씀하신 삼천대천세계는 세계가 아닙니다. 세계라 이름할 뿐입니다. 왜냐하면 세계가 실제로 있는 것이라면 일합상일 것입니다. 여래께서는 일합상은 일합상이 아니라고 설하십니다. 일합상이라 이름할 뿐입니다."

須菩提 一合相者 則是不可說
수 보 리 일 합 상 자 즉 시 불 가 설

但凡夫之人 貪着其事
단 범 부 지 인 탐 착 기 사

"수보리여! 일합상이라는 것은 말할 수가 없는 것인데 범부들이 그것을 탐내고 집착할 따름이다."

須菩提 若人言 佛說我見人見
수 보 리 약 인 언 불 설 아 견 인 견

衆生見壽者見 須菩提 於意云
중생견수자견 수보리 어의운

何 是人 解我所說義不
하 시인 해아소설의부

"수보리여! 어떤 사람이 '여래가 아견·인견·중생견·수자견을 설했다.'고 말한다면, 수보리여! 그대 생각은 어떠한가? 이 사람이 내가 설한 뜻을 알았다 하겠는가?"

不也世尊 是人 不解如來所說
불야세존 시인 불해여래소설

義 何以故 世尊 說我見人見
의 하이고 세존 설아견인견

衆生見壽者見 卽非我見人見
중생견수자견 즉비아견인견

衆生見壽者見 是名我見人見
중생견수자견 시명아견인견

衆生見壽者見
중생견수자견

"아닙니다, 세존이시여! 그 사람은 여래께서 설한 뜻을 알지 못한 것입니다. 왜냐하면 세존께서는 아견·인견·중생견·수자견이 아견·인견·중생견·수자견이 아니라고 설합니다. 아견·인견·중생견·수자견이라 이름할 뿐입니다."

須菩提 發阿耨多羅三藐三
수 보 리 발 아 누 다 라 삼 먁 삼

菩提心者 於一切法 應如是知
보 리 심 자 어 일 체 법 응 여 시 지

如是見 如是信解 不生法相
여 시 견 여 시 신 해 불 생 법 상

須菩提 所言法相者 如來說
수 보 리 소 언 법 상 자 여 래 설

卽非法相 是名法相
즉 비 법 상 시 명 법 상

"수보리여! 아누다라삼먁삼보리심을 내는 자는 일체법에 대하여 이와 같이 알고 보며 믿고 이해해야 한다. 법상을 내지 말라. 수보리여! 법상이라 말하는 바도 여래는 법상이 아니라고 설한다. 법상이라 이름할 뿐이다."

須菩提 若有人 以滿無量阿僧
수 보 리 약 유 인 이 만 무 량 아 승

祇世界七寶 持用布施 若有
기 세계 칠보 지용보시 약유

善男子善女人 發菩薩心者
선남자선여인 발보살심자

持於此經 乃至四句偈等 受
지어차경 내지사구게등 수

持讀誦 爲人演說 其福勝彼
지독송 위인연설 기복승피

"수보리여! 만약 어떤 사람이 무량한 아승기 세계에 칠보를 가득 채워 보시하고, 보살심을 낸 어떤 선남자선여인은 이 경을 지니어 사구게 등을 받아 지니어 읽고 외워 사람들을 위해 연설한다면, 이 복이 저 복을 이긴다."

云何爲人演說 不取於相 如
운하위인연설 불취어상 여

如不動 何以故 一切有爲法
여부동 하이고 일체유위법

如夢幻泡影 如露亦如電 應
여몽환포영 여로역여전 응

作如是觀
작 여 시 관

"어떻게 사람들을 위해 연설할 것인가? 상을 취하지 말고, 여여하고, 움직이지 말라. 왜냐하면 일체 모든 유위법은 꿈·허깨비·물거품·그림자 같고 이슬 같고 번개 같으니 마땅히 이와 같이 보아야 한다."

[流通分]

佛說是經已 長老須菩提 及
불 설 시 경 이 장 로 수 보 리 급

諸比丘比丘尼 優婆塞優婆
제 비 구 비 구 니 우 바 새 우 바

夷 一切世間天人阿修羅 聞
이 일 체 세 간 천 인 아 수 라 문

佛所說 皆大歡喜 信受奉行
불 소 설 개 대 환 희 신 수 봉 행

부처님께서 이 경을 다 설하시고 나니, 수보리 장로와 비구·비구니·우바새·우바이와 모든 세상의 천신·인간·아수라들이 부처님의 말씀을 듣고 매우 기뻐하며 믿고 받들어 행하였습니다.

[眞言]

那謨婆伽跋帝 鉢喇壤 波羅弭多曳

唵 伊利底 伊室利 輸盧馱 毘舍耶 毘舍耶 莎婆訶

나모바가발제 발라양 파라미다예

옴 이리저 이실리 수로타 비사야 비사야 사바하

金剛經 寫經
금 강 경 사 경

펴낸날	초판 2025년 8월 22일
편역자	이성원
펴낸이	김정아
펴낸곳	북스테이트
출판등록	2025년 3월 13일 제2025-000071호
주소	서울특별시 마포구 마포대로 53
전화	02-515-2766
팩스	0504-219-7373
이메일	bookstate@naver.com
ISBN	979-11-993545-3-1(03220)
정가	10,000원

※ 본서의 무단전제 및 복제행위를 금합니다.

차근차근 풀어보고
단박에 이해하는 금강경

이성원 지음 / 북스테이트 / 33,000원

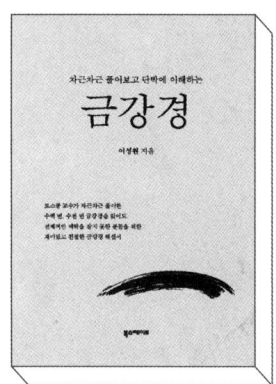

혁신적이면서도 원문에 충실한 금강경 해설서!

본 금강경 사경집의 바탕이 되는 책으로 이 책을 읽고 이해하면서 금강경 사경을 하다보면, 자연스럽게 금강경을 암송하게 되고 금강경 수지독송의 공덕을 쌓게 될 것입니다.

북스테이트